Aprende a leer divirtiéndote con Rulfo y sus amigos: ISBN 9788411744409
© Grete Garrido, 2023

Impresión y editorial: BoD – Books on Demand
info@bod.com.es – www.bod.com.es
Impreso en Alemania – Printed in Germany

APRENDE A LEER DIVIRTIÉNDOTE CON RULFO Y SUS AMIGOS

GRETE GARRIDO

ESTE LIBRO PERTENECE A ESTA MARAVILLOSA PERSONA:

yo quiero que
sea Navidad
siempre, ¿y tú?

**RULFO QUIERE PRESENTARTE A SUS AMIGOS,
SI HACE MUCHO FRÍO, LLEVARÁN ABRIGO.**

**ÉL ES UN PERRO LIMPIO Y ORDENADO,
TRAS EL DESAYUNO, SE QUEDA EMPANADO.**

Rulfo quiere presentarte a sus amigos,
si hace mucho frío, llevarán abrigo.

Él es un perro limpio y ordenado,
tras el desayuno, se queda empanado.

esto es
mucho mejor
que mirar
la tele

LA **JIRAFA** AMELIA ESTÁ **CONTENTA**,
GASTAR BROMAS SIEMPRE INTENTA.

DE **VERDES HOJAS** SE ALIMENTA,
¡A VECES COME HASTA **SETENTA**!

La jirafa Amelia está contenta,
gastar bromas siempre intenta.

De verdes hojas se alimenta,
¡a veces come hasta setenta!

**RODOLFO EL CONEJO TE DARÁ UN CONSEJO:
¡NUNCA ENFADES A UN CANGREJO!**

**FELIZ Y SONRIENTE LLEGA A LA ESCUELA
AUNQUE VA PENSANDO ¡EN LA MORTADELA!**

Rodolfo el conejo te dará un consejo:
¡nunca enfades a un cangrejo!

Feliz y sonriente llega a la escuela,
aunque va pensando ¡en la mortadela!

a mí me
viene mejor
que no baje

LA **GATA** GALA SE CREE HARRY POTTER,
DE TANTO **VOLAR** ¡SE LE CAE EL **BIGOTE**!

SI QUIERES LA **ESCOBA** TE SALDRÁ **JOROBA**,
GALA NO SE **BAJA** NI CUANDO **TRABAJA**.

La gata Gala se cree Harry Potter,
de tanto volar ¡se le cae el bigote!

Si quieres la escoba te saldrá joroba,
Gala no se baja ni cuando trabaja.

prefiero
queso

UN ELEFANTE ¿TÚ CREES QUE ES GIGANTE?
LE GUSTA MUCHO EL PASTEL,
¿QUIERES COMERLO CON ÉL?

UN GORRO DE FIESTA LE VERÁS LLEVAR
¡AQUÍ SIEMPRE HAY ALGO PARA CELEBRAR!

Un elefante ¿tú crees que es gigante?
Le gusta mucho el pastel,
¿quieres comerlo con él?

Un gorro de fiesta le verás llevar
¡Aquí siempre hay algo para celebrar!

yo sí sé
volar

TICO ES UN KOALA, SUEÑA CON VOLAR,
SUBIR A LOS CIELOS, LUEGO ATERRIZAR.

LAS NUBES, PLANETAS Y ESTRELLAS TOCAR,
Y AMIGOS MARCIANOS A LOS QUE INVITAR.

Tico es un koala, sueña con volar,
subir a los cielos, luego aterrizar.

Las nubes, planetas y estrellas tocar,
y amigos marcianos a los que invitar.

eeeh, perdón,
¿puedes mirar
para otro lado?

ROSA LA OSA ES UN POCO PEREZOSA,
LE GUSTA MÁS SOÑAR QUE IR A JUGAR.

A PARTIR DE LAS 8 NO HAGAS MUCHO RUIDO,
NANAS O SILENCIO SERÁN BIENVENIDOS.

Rosa la osa es un poco perezosa,
le gusta más soñar que ir a jugar.

A partir de las 8 no hagas mucho ruido,
nanas o silencio serán bienvenidos.

¿me das un
autógrafo?

RITA ES RÁPIDA Y ASTUTA COMO UNA NINJA,
NADA LA DESCONCENTRA SALVO UNA PIÑA.

A TODAS HORAS VA CON SU ANTIFAZ,
DE GANARLE UNA CARRERA SERÁS INCAPAZ.

Rita es rápida y astuta como una ninja,
nada la desconcentra salvo una piña.

A todas horas va con su antifaz,
de ganarle una carrera serás incapaz.

¿se dará cuenta
si me lo como?

LA **VACA** TOMASA TIENE MUCHA GUASA,
OCASIÓN DE **BAILAR** NUNCA SE LE PASA.

EN SU **TOCADISCOS** PONE ROCK AND ROLL,
HIP HOP, FLAMENQUITO Y UN POCO DE POP.

La *vaca* Tomasa tiene mucha guasa,
ocasión de *bailar* nunca se le pasa.

En su *tocadiscos* pone rock and roll,
hip hop, flamenquito y un poco de pop.

yo quiero salir en el libro

ESTE LEÓN SE BAÑA TODAS LAS NOCHES,
MAS DE AGUA NUNCA HACE DERROCHE.

SI SE COME VEINTICINCO EMPANADILLAS,
CON MÁS GANAS LOS DIENTES SE CEPILLA.

Este león se baña todas las noches,
mas de agua nunca hace derroche.

Si se come veinticinco empanadillas,
con más ganas los dientes se cepilla.

RODEA CON UN CÍRCULO VERDE LAS PALABRAS QUE SEAN ANIMALES.
¿serás capaz? yo creo que sí

OSA

LIMPIO

PASTEL

CONEJO

JIRAFA

ESCOBA

GORRO

DIENTES

RUIDO

LEÓN

KOALA

ELEFANTE

VERDE

ESCUELA

VACA

PERRO

EMPANADILLAS

BIGOTE

MORTADELA

GATA

PLANETAS

APRENDE A ESCRIBIR ESTAS PALABRAS

jirafa

bigote

conejo

gigante

amigo

feliz

perro

abrigo

rápida

estrella

bailar

AYUDA AL PERRO RICKY A ENCONTRAR
ESTAS PALABRAS EN EL LIBRO

CONTENTA	CIELOS	AGUA
CANGREJO	VOLAR	TOCADISCOS
PEREZOSA	FIESTA	JOROBA
ESTRELLAS	FRÍO	SONRIENTE
CELEBRAR	TRABAJA	CARRERA

¡HASTA PRONTO!